三全育人

"一站式"学生社区综合管理手册

主编：宋艳春　母则闯

 陪伴心灵成长　让青春更美好

参编人员：许安兵　梁天光

图书在版编目（CIP）数据

三全育人："一站式"学生社区综合管理手册 / 宋艳春，母则闯主编. -- 厦门 ：厦门大学出版社，2024.9. -- ISBN 978-7-5615-9479-7

Ⅰ. G717.4-62

中国国家版本馆 CIP 数据核字第 2024UQ0792 号

责任编辑	王洪春　张　洁
策划编辑	张佐群
美术编辑	蔡炜荣
技术编辑	朱　楷

出版发行　

社　　址　厦门市软件园二期望海路 39 号
邮政编码　361008
总　　机　0592-2181111　0592-2181406(传真)
营销中心　0592-2184458　0592-2181365
网　　址　http://www.xmupress.com
邮　　箱　xmup@xmupress.com
印　　刷　厦门市明亮彩印有限公司

开本　889 mm×1 194 mm　1/32
印张　14.5
字数　330 千字
版次　2024 年 9 月第 1 版
印次　2024 年 9 月第 1 次印刷
定价　48.00 元（共 6 册）

本书如有印装质量问题请直接寄承印厂调换

前　言

青少年阶段是心理问题的高发期,《中国国民心理健康发展报告（2021~2022）》蓝皮书调查显示，青少年阶段抑郁症状出现的概率高达24%，这与我校新生心理健康筛查报告显示的比例大体相似。除了抑郁情绪在青少年阶段非常普遍外，精神分裂症、焦虑症、强迫症、恐慌症等严重心理疾病在青少年群体中也屡见不鲜。这不仅给青少年造成了困扰，影响正常的学习、生活和人际交往，也给家庭、学校的教育工作带来了非常大的压力和挑战。

习近平总书记高度关心和重视学生心理健康发展，强调树立健康第一的教育理念。近些年来，教育部也多次出台加强心理健康教育工作的文件，以提升学校对学生心理健康教育工作的重视和加强采取具体的工作举措来维护学生心理健康发展。我校领导和学生工作处也非常重视学生的心理健康教育工作，将学生心理健康的发展作为学生管理的重要方面，把提升学生对心理健康的关注度，加强引导学生学习心理健康理论和实践知识，作为学生心理健康教育的重要举措。

　　基于此，我们根据学校学生的具体身心健康发展情况，编写了学生心理健康手册《陪伴心灵成长 让青春更美好》。本书内容涉及青少年学生的心理健康问题、校园生活适应、人际交往、恋爱情感等诸多现实话题。手册第一、三、五、六、七篇为我校学生工作处心理中心许安兵编写；第二、四、八篇为我校学生工作处心理中心梁天光编写。本手册旨在普及心理健康知识，提升我校学生心理健康素质。本书淡化专业术语讲解，表述贴近生活，通俗易懂。由于编写时间仓促、水平有限，本书还存在不足之处，敬请理解，批评指正。

目 录

第一篇 走进心理健康 ····································· 1
  一、心理健康的标准 ································· 1
  二、如何确定有心理问题 ···························· 3
  三、心理问题的类型 ································· 4
  四、心理问题是如何产生的 ·························· 6
  五、怎样看待心理问题 ······························ 7
第二篇 适应大学生活 ····································· 12
  一、及时调整心态和期望 ···························· 12
  二、规划大学学习生涯 ······························ 14
  三、选择和创造合适的成长环境 ····················· 16
第三篇 认识和接纳自我 ··································· 20
  一、发展性的自我 ··································· 20
  二、如何认识自我 ··································· 22
  三、学会接纳自我 ··································· 24
第四篇 和谐处理人际关系 ································ 28
  一、和谐共度宿舍生活 ······························ 28
  二、积极参与班级和社团生活 ······················· 31

三、学会处理社会人际关系 ……………………………… 32

第五篇　**学会自爱和爱人**………………………………… **35**
　　　一、爱情是什么 …………………………………………… 35
　　　二、大学阶段爱情的特征 ………………………………… 36
　　　三、大学生应该抱有什么样的恋爱观 …………………… 38
　　　四、在爱情中容易遇到的问题 …………………………… 39

第六篇　**认识和接纳情绪**………………………………… **45**
　　　一、正确看待负面情绪 …………………………………… 45
　　　二、接纳和觉察负面情绪 ………………………………… 47
　　　三、调整和改变情绪状态 ………………………………… 50

第七篇　**高校生活中的心理困扰**………………………… **54**
　　　一、人生的意义是什么 …………………………………… 54
　　　二、晚上的 emo 情绪 ……………………………………… 56
　　　三、抱怨大学不够理想 …………………………………… 58
　　　四、大学里的迷茫期 ……………………………………… 59
　　　五、毕业后的规划 ………………………………………… 60

第八篇　**心理健康教育资源推荐**………………………… **62**
　　　一、心理治疗推荐 ………………………………………… 62
　　　二、心理电影推荐 ………………………………………… 63
　　　三、心理书籍推荐 ………………………………………… 65

第一篇 走进心理健康

一、心理健康的标准

心理健康是人全面健康中的一个基本因素，也直接影响人的幸福感。认识和掌握心理健康的标准，学会"诊断"自身心理状态，并且知道怎么去对待和调适心理问题，对于大学生学习、生活和成长具有十分重要的意义。

关于怎样的心理状态是健康的？我们主观上有一些观念，而从科学的视角来看，也存在一些观念，这两种观念既有重合，也有不一致的地方。根据大学生日常生活中所遇到的一些问题，我认为心理健康可以从以下五个视角来看待。

（一）情绪基本稳定，并趋于正向积极

我们每个人都过着情绪性生活，人的情绪每天都处于波动之中，因遇到符合自己期望的事情而开心，因遇到不符合期望的事情而出现负面情绪，但是在大部分时候处于一种较为稳定的正向积极状态。如果一个人在没有影响较大的外界事件发生在身上的时候，其情绪依然经常性地发生较大波动，喜怒无常，或者在较为长的时间里，大部分时候心境处于消极、低沉的状态，可能表

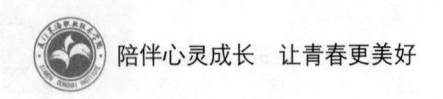

示这个人处于不健康的心理状态。

（二）恰当的自我认知和评价

恰当的自我认知和评价是心理健康的主要表现之一。心理健康的个体可以较为客观、正确地认识和评价自我。它表现在能够正确认识自己的长相、个性、行为等，客观地对自己的各项特征进行评价；同时能悦纳自己，并适当调整、改变自己的不恰当行为。反之，则可能不能客观地认识自我和现实，或者过分夸大自己的各种特征，有的个体盲目过度自信，有的个体则显得过度自卑。

（三）和谐的人际关系

人是社会性动物，每个人都生活在复杂的人际关系网中，并通过人际关系获得支持。心理健康的个体可以较好地适应人际关系，融入其中，与集体保持和谐友善的关系；心理状态不健康的个体，可能会逃避处各种人际关系，甚至经常与身边的人发生矛盾、冲突。

（四）社会功能良好

大学生具有宿舍成员、班级学生、社团成员等多重身份，每种身份都会赋予其一定的权利与义务。比如作为宿舍成员需要维护好宿舍整体的利益，需要履行打扫卫生、不打扰其他同学休息的职责，自己在宿舍也能按时作息和过好宿舍生活；作为班级学生，应该在课堂中做到不迟到早退、专心听讲和尊重课堂秩序，也能处理好和班级同学的关系。大学生在校园里享受着各种生活、学习、娱乐的权利，也履行与之对应的各种义务。良好社会功能意味着个体可以较好地扮演好属于自己的角色，履行相应的

社会义务。否则，大学生就会感觉在学校生活中处处都充满了痛苦，难以正常地学习、生活和开展人际交往。

（五）生理功能健康

身体和心理的关系十分密切，不健康的心理状态会对身体健康产生直接或间接的消极影响。比如抑郁状态的个体，饮食、睡眠等方面经常受到困扰，其精神状态不佳，肠胃可能出现不适，有的个体还会经常头晕、头痛、胸闷气喘等；焦虑状态的个体容易出现呼吸急促、心跳加速、头晕头痛、肢体颤抖等症状。因此，健康的生理状态包括拥有良好的饮食、睡眠，同时身体各项指标也处于正常范围，不会经常出现不舒适的身心状态。

二、如何确定有心理问题

（一）自我诊断

我们可以通过上述介绍的五种标准来衡量自己的心理健康状况。比如，排除近期发生影响较大的负面事件外，在日常生活中，我们的情绪状态是否整体比较稳定，并趋向积极；对自己的认知和评价较为客观积极，不会过于自卑和经常自责愧疚，也不会自觉高高在上，贬低他人；在宿舍、班级中人际关系良好，可以合理地和他人建立人际关系；社会功能较好，能适应学校的学习、生活和人际交往；饮食、睡眠状况良好，身体健康状态处于正常水平。如果同学们上述五个标准出现问题越多，可能心理问题就越是严重，而出现的问题较少，则越趋向健康。

（二）心理测试

心理健康测试可以作为心理健康程度的参考，我们可以在正规的网络平台或测评系统中进行测试。比如抑郁自评量表（SDS）、焦虑自评量表（SAS）、90项症状清单（SCL-90）等都是较为常见的自测量表。每个量表都有一定分数标准，测试后，将自己的得分与量表标准进行对照，从而评估症状程度。但是，需要谨记的是心理健康测试只是一种参考，并不能作为标准看待。如果你的测试结果显示心理健康状态异常，可以询问心理咨询师或心理医生，他们将根据你的量表得分并与你进行详细的心理访谈，以更为精确地诊断心理问题类型和严重程度。

（三）专业心理评估

心理咨询师或心理医生具备专业的心理健康知识和技能，他们可以根据和你的心理访谈更为准确地推测出心理健康程度和具体心理问题。目前大部分学校都提供了免费心理咨询服务，在学校心理咨询中心，同学们可以预约心理咨询师进行心理咨询以了解自己的问题。如果你选择校外的精神科医院，心理医生也会对来访者进行专业的心理评估，帮助来访者掌握心理健康状态。

三、心理问题的类型

心理问题的种类很多，根据美国制定的《精神障碍诊断与统计标准手册（第五版）》，已经纳入诊断类型的精神障碍就有300多种。为了方便大家更好理解，我们基于日常生活中更为通俗易懂的常识，而不是科学的学术术语描述，将大学生日常生活中遇到的心理问题类型区分为：精神障碍、严重心理问题、一般心理问题。

（一）精神障碍

在日常生活中我们也经常称有精神障碍的人为精神病人、精

神分裂症患者等。这类群体表现出的症状算得上真正意义上的病，一定程度上超出了普通心理问题的范畴。它对于大脑产生了较为明显的病理性影响，患者的感知、思维、行为、情感等方面均出现不同于常人的异常表现。他们对这些症状也没有自知力，不知道自己出现的这些异常是病理性表现。在感知中可能会出现幻听、幻视等；在思维方面可能出现思维奔逸，讲话没有任何主题逻辑，令人难以理解；行为怪异，不符合当下的情境；情感过分高亢或淡漠等。这部分群体在学校数量较少，有的在读学生可能曾经患过精神病，但通过治疗后处于较为正常的阶段。这类精神疾病对身心健康影响程度很大，很难得到彻底康复，需要定期复查、长时程的药物治疗。在他们恢复到较为正常的阶段，可以接受心理咨询和同步药物治疗，可以获得更好的效果。

（二）严重心理问题

这里主要指的是抑郁症、焦虑症、强迫症、恐慌症等心理问题。这类心理问题产生起源较早，持续时间较久，影响生活的诸多方面，让人感觉到非常痛苦，但通过自身努力又难以改变。在症状发作时可能具有强烈不适的躯体症状，比如经常性失眠、食欲较差、肠胃不适、心慌、呼吸急促、头疼头晕等。由于它们对个体的生活产生了严重干扰，内心痛苦，同时具有一些生理表现，对于它的治疗，往往需要通过心理医生开具的药物治疗，配合进行心理咨询可以取得较好效果。

（三）一般心理问题

这里指的是较为轻微的心理问题。第一种问题是面临大学迷茫、就业压力大、情感问题、人际交往问题、家庭矛盾问题等日常生活问题，这些问题没有严重影响学生的生活，但却带来了困扰，短时间内影响生理功能，并且阻碍学生更好地表现自我、发展自我。通过心理咨询，往往就会收到很好的效果。

第二种类型是遭遇各种突发事件，比如恋爱分手、学业失败、家庭不幸等这类事件在短时间内会给人带来较为严重的痛苦感受。一般而言随着时间发展，或者自我调节，影响程度会逐渐减轻。但是如果不进行自我调节，尽快从痛苦中走出来，也可能产生创伤后遗症，对学生心理带来较为严重的负面影响。因此，遭遇突发事件，内心难以承受的个体需要及时进行自我调节；也可以寻求心理咨询，得到理性的建议、情感的支持和陪伴，尽快从伤痛之中走出来。

四、心理问题是如何产生的

心理问题的产生是多种因素相互影响的结果，涉及遗传基因、身体素质、原生家庭、成长经历、社会环境等。其中最为重要的是原生家庭的影响，当然其他因素所扮演的角色也是不可忽略的。

遗传基因源自父母双方的生物学因素影响，如果父母双方或家族至亲具有严重精神疾病，比如精神分裂症、重度抑郁、双相情感障碍等，子女患上严重精神疾病的可能性比正常家庭更高。但是遗传基因仅仅是提高了生物学上的风险，是否发作精神疾病还有赖于后天因素的影响。

身体素质指的是个体的性别、气质、性格等方面，也包括躯体疾病等因素。比如不同性别的个体在社会中所承受的压力是不

同的；具有抑郁气质的个体可能更加敏感，情绪较容易受到外界影响。严重躯体疾病或身体残缺的个体，也会承受来自内外界更多的压力，从而更容易遭受心理疾病的困扰。

原生家庭可以说是影响个体身心健康发展最重要的后天因素。家长是孩子的第一任老师，家庭结构、家庭氛围、家庭教育都会对孩子产生非常重要的影响。比如单亲家庭的父母一方在抚育过程中可能承受了过大压力、角色扮演的缺失等而对孩子产生负面的影响；如果家庭氛围不和谐，家庭成员彼此敌视、不尊重对方，甚至辱骂、大打出手，会直接影响孩子的身心健康；在家庭教育方面，过分的宠爱或者过分专制也会不利于子女的心理健康。

在个体的成长过程中，会经历很多事件，如遭受校园暴力、学业受挫、交通意外、亲人亡故、天灾人祸等都会对亲历者造成或大或小的心理创伤，不仅对个体的人生观、世界观和价值观产生影响，还可能直接产生各种心理问题。

社会环境对于个体的成长和发展也具有不可忽视的作用。社会鼓励竞争，生活其中的个体和家庭就会面临各种竞争压力，感觉到精神紧张，心理压力大。对于个人而言，可能因竞争失败而没有自尊，同时也可能会激发人与人之间的矛盾冲突，这些显然对个体的身心健康发展产生不利影响。

五、怎样看待心理问题

（一）去除病耻感，自我接纳

很多患有精神疾病或严重心理问题的个体都有强烈的病耻

感，认为心理问题是弱者的标签，不能接纳自己。这种病耻感不仅让个体心理负担加重，变得更加厌恶自己，同时也不敢进行正常的人际交往，而这些进一步加重了他们的心理负担。只有能真正面对自己患有精神疾病的现实，理解自我、接纳自我，才能坦然地进行心理治疗，开展正常的人际交往，从而尽快地实现心理康复。

（二）避免歧视，理解接纳

自我的病耻感和社会大众对于心理疾病患者的恐惧、担忧有关系。如果某个人患有某种心理疾病，似乎大多数人在与其交往时感觉到恐慌，习惯性地给其贴标签，甚至排斥和歧视这部分群体。这种心理源于人们由于对心理问题不了解和误解。其实，心理问题每个人都可能发生，在人的漫长一生中，大部分人都会出现心理不健康的状态阶段。我们要了解心理问题，学习各种心理健康知识，支持和鼓励患有心理疾病的群体，这样不仅有利于这一群体的心理健康发展，也有利于营造更加和谐美好的社会。

（三）保持乐观，积极治疗

心理疾病患者的一个显著特征是难以摆脱内心的痛苦，从而陷入悲观绝望的状态中，更剥夺了他们改变自我的力量。其实，大部分心理问题都会随着时间推移而发生变化甚至会趋向好转，青少年期是心理问题最为严重的阶段，而到了大学毕业及工作后，心理状态一般都会发生较为明显的改善。如果心理疾病患者能更加积极乐观地面对自身情况，积极配合进行药物和心理治疗，往往会取得非常好的效果。

（四）选择心理咨询或心理治疗解决心理问题

当通过自身的努力和他人的帮助难以解决心理问题时，可以考虑接受专业的心理咨询或心理治疗。心理咨询与心理治疗并不能划等号，心理咨询对于轻中度的心理问题比较有效果，而心理治疗则更多地适用于中重度的心理问题。在解决心理问题的方法上，二者也不尽相同，心理咨询主要采用"话疗"，即通过倾听、沟通等方式协助来访者解决问题；而心理治疗可以采用药物进行治疗，更适用于有严重心理问题和精神障碍的患者。因此，如果你的心理问题没有那么严重，而且想多通过言语沟通来解决问题时，你可以寻求心理咨询师的帮助；如果你的问题比较严重，可以寻求心理医生进行心理治疗。心理咨询师一般在各个学校都有，当你不知道自己的心理问题如何更好得到解决时，不妨先去学校心理咨询室寻求建议。

（五）心理咨询的保密性

很多人害怕在进行心理咨询或心理治疗时所透露的问题，比如性取向、生理疾病、内心的阴暗面等会被泄露给他人。实际上，专业的咨询师和治疗师是严格遵守职业道德的，而保密性就是职业道德之一。凡是不涉及法律、伤害自己或他人的行为或冲动，咨询的内容都在保密范畴。但是如果咨询者有严重的轻生或伤害自己的行为和可能性，或者触犯了法律，则会告知相关应知情人员。保密与否取决于最大的限度地对咨询者和他人的生命、安全负责。

▶ **案例分享：**

某高校学生张亮（化名），在入学后不久便与宿舍同学发生矛盾冲突。辅导员介入后，发现该生对舍友的一些不良行为难以忍受，在沟通时突然情绪异常激动难以控制，并且存在疑似被害妄想的表现，认为他人的一些行为会对自己的身体产生伤害。经过沟通后，辅导员将学生推荐至心理中心进行沟通。在咨询过程中，学生自述高中时就因为与班级同学和教师一些观念不合而经常发生冲突，后来去心理医院诊断，疑似有严重精神疾病，休学在家进行治疗。经过一段时间休息疗养，学生心理状态有所好转，通过努力考上大学，但一直在进行药物治疗。学生在与咨询师谈话后，情绪逐渐稳定，承诺在定期去医院复查治疗的同时，如有需要也会到咨询室进行咨询。

在大学四年期间，张亮依然多次因为一些观念与他人不合而产生矛盾，但是张某对自己的心理和精神状态具有较好的认知。当他认为自己情绪难以控制，处于非常躁动或抑郁状态时，便主动前往医院复查和开具新的药物进行治疗，并且保持与心理咨询师和辅导员的沟通，通过老师帮助协调和处理一些矛盾纠纷。课余，他也坚持进行体育锻炼和参加学校的兴趣社团，与志同道合的同学进行学习交流，这四年里他的心理状态逐渐变得稳定和健康。后来，张亮通过自己的努力，通过研究生入学考试上了心仪的大学。在进入新的学校后，张某偶然与咨询师联系，表示自己现在比读本科期间思想更为成熟，看待问题更加客观公正，不像以往那么绝对化。与他人相处时更加包容理解，目前和舍友、班级同学等关系都很融洽。

从上述真实案例中，我们发现张亮虽然具有严重的精神疾病，但是对于自己的心理问题有很好的认知和接纳，坚持主动积

第一篇　走进心理健康

极进行心理治疗，并且通过和心理咨询师、辅导员的沟通来帮助自己解决各种心理困惑，日常生活中也进行运动，广泛与人交往。通过这些途径，他不仅成功地考上了研究生，还逐渐治愈了自己的严重精神疾病。

第二篇　适应大学生活

一、及时调整心态和期望

大学对于我们来说是发现自我，塑造完整个性的重要阶段，在步入大学生活前，我们可能对全新的大学生活充满憧憬与期待，想象着即将到来的大学生活是无比美好与自由的。其实，大学生活对于我们来说确实是一段全新的旅程，在大学生活中我们可以深入了解自己的兴趣和激发出潜在的职业目标，可以拓展自己的社交领域，还可以提升独立生活技能。但与此同时，我们仍会面临许多的挑战，如环境的变化、身份的转变、学习方式的改变等。面对这些未知的因素，如果我们不能及时调整自己的心态与期望，往往会产生紧张、焦虑、烦躁等负面情绪，而负面情绪一旦积累过多，很可能导致我们在生活中迷失方向，丧失自我。因此，我们需要了解大学生活有哪些特点，它与高中生活有哪些具体的差异。

（1）自主性与独立性：与高中相比，大学学业方面更加强调学生的自主学习能力，需要个体根据自身兴趣爱好主动学习。生活方面，大学生需要更多的独立性，自己解决各种生活琐事，培

养生活技能和独立思考的能力。此外，大学生活注重个人发展和职业规划，我们需要更加清晰地认识自己的兴趣和职业方向。

（2）多元性

在大学，我们会面对来自不同地区和文化背景的同学，这就形成了一个多元文化的环境。这种多元性使得大学成为一个充满不同观点、价值观和生活方式的地方。相较之下，高中时我们所接触到的环境相对简单。虽然学习是大学生活的主旋律，但我们也可以主动寻找自己感兴趣的领域或事物，培养自己除学习外其他方面的能力。同时，这种多元性也能培养我们开放包容的思维方式，听取不同的观点，了解不同的思想，能够帮助我们更好地适应未来的生活。

（3）实用性

大学生活无论从学习还是生活方面，都更偏向于实用性，在解决问题的过程中培养更强的实用性技能和解决问题的能力，这是大学与高中较为明显的区别。与此同时，大学阶段注重培养我们的职业技能，通过实习、实践等方式习得实际工作经验，使我们更具实用能力和职业竞争力。相对而言，高中生活由于受限于学校和家庭的管理，生活较为简单，我们处理的实际问题相对较少。因此，积累实用性的技能及方法，能让我们更好地适应未来的社会生活和职业挑战。

面对高中到大学的转变，我们的心理预期和现实可能存在一定的差距，这时有的人选择抱怨环境，开始积累自己的负面情绪，最终逐渐放弃接触新事物的机会。而有的人试着学会拥抱环境，拥抱每一次可以成长的机会，拥抱当下拥有的一切。正是那些能够将一次次挑战和经历都视作重新塑造自我的机会的人，才可能有预期的收获。其实我们如何作用于环境，环境就会如何回报我们，将新的环境的挑战视为成长和学习的机会而不是负担，我们才能积极地面对大学生活。此外，理性地对待压力，给自己制定一些合理的学习计划，寻求身边同学或老师的帮助，保持平衡规律的生活方式，这样更有助于缓解压力，让自己的内心更为稳健。在遇到问题时，试着调整自己的心态或预期，或许会让我们更加从容地面对大学生活。

二、规划大学学习生涯

大学学习生涯其实是一个漫长，持续性的长期过程，在这个过程中，我们难免会遇到学业倦怠、学习目标不清晰的情况，这是很正常的现象。而规划大学学习生涯正是为了让我们有目的、有计划地度过大学时光，充分挖掘学习、成长和发展的潜力。心理学家班杜拉将自我效能感作为自我实现的过程目标，在自我效能感的概念中，能否达成目标的信念将影响我们的努力和坚持的程度，因此对于目标的设定和规划就显得至关重要。拥有一个清晰的大学生涯学习规划往往能够令我们的学习过程事半功倍。一个合理、有效的规划需要具备的特征主要有：

（1）明确的目标性：好的学业生涯规划应包括对个人兴趣、价值观和职业方向的深入思考，并依此制定明确的学业目标。我们可以借助职业测试、专业选择测试等方法明确自己未来的发展方向。

（2）合理的计划性：在明确目标的基础上，还需要制订合

理的学业计划，包括课程选择、专业方向和学期安排。这有助于确保我们不仅能够全面掌握所学知识，还能够培养实际应用的能力。

（3）良好的发展性：好的规划应该不仅仅关注专业学科，还要注重自我发展，可以设定个人发展目标、培养自我管理能力、关注身心健康等，为自我的发展奠定基础。

（4）规划的全面性：好的规划策略需要涵盖全方面的能力提升，不仅仅局限于学业方面，也可以包括语言表达能力、团队合作能力、人际交往能力等方面的提升，以及对社会、文化发展的了解，这些都有助于我们更全面地成长。

如何制定有效的、适合自己的学业规划，我们可以从这几方面入手。

首先可以制定一定的短期和长期目标。适当的短期目标可以激发我们的学习动力、提高学习效率，并在短时间内获得比较明显的学习效果。例如，制定每周的详细学习计划，包括课程时间表、复习时间、作业截止日期等。确保每项任务都有充足的准备时间。适当的长期目标则能够帮助我们明确学习方向、提升综合素养。例如，制定每学期的具体学习计划，明确每门课的学习目标。设立每周复习和总结的时间，确保对课程内容的深刻理解。

其次，学会充分利用自身和环境中的资源。可以制定每周的学习时间表，合理分配学科学习、自主学习以及参与社团或其他活动的时间。环境上，可以积极寻找周围的学习资源，包括寻找适合自己的学习环境或学习同伴，这样有助于提升我们自身学习的积极性。

最后，可以制定专业实践和计划。寻找社团和组织，参与志愿服务和学习专业技能，这些经历可为将来的职业发展奠定坚实基础。我们也可以通过参与创新项目、竞赛等方式，锻炼和提升解决问题的能力。

一个好的、合理的大学学业生涯规划能够为我们提供清晰的目标方向和明确的学习路径，帮助我们更充分地发掘个人潜力、提升专业技能、培养全面素养。有效的规划能够为未来职业生涯打下坚实的基础，同时促使个人全面成长，成为具备创新思维和适应能力的学习者。

三、选择和创造合适的成长环境

心理学中行为主义理论认为，环境往往对塑造和控制行为起重要的作用。不同的环境会给予我们不同的体验，而这种体验感则会转化为我们的动机或目标。在大学生活中，一个良好的、合适的成长环境对于我们来说是至关重要的。积极的成长环境可以让我们摒弃外界的干扰，让我们有更多的时间深入学习专业知识，培养思维方式以及各方面的能力。而消极的成长环境，往往会给我们带来压力、学业困扰和人际焦虑等方面的困惑。所以面对全新的大学生活环境，我们需要认识到机遇是与挑战并存的，积极地选择和创造适应的成长环境，可以让我们更好地度过自己的大学生活。因此，面对多元的校园环境我们首先需要了解大学环境特点是怎样的。

（1）环境资源的丰富性：大学校园中的环境资源是较为丰富的，包括图书馆、实验室、自习室、运动场等，我们可以通过熟

第二篇　适应大学生活

悉这些校园场所和周围的资源，尽快适应、融入校园环境，缓解因陌生感所带来的焦虑情绪。

（2）人际关系的多元性：大学校园生活不同于高中，我们面对的是不同文化、不同区域背景的同学，不同专业的老师，以及来自不同领域的社会人士。所以，我们应树立开放接纳的心态，通过参与各类社团、组织、活动等方式，主动寻找志同道合的人，为自身创造舒适的人际环境。

（3）生活方式的多样性：来到大学校园，我们的生活方式不再是单一的三点一线，环境中存在许多可供我们选择的生活的方式。无论是在校内还是校外，我们可以去更广阔的空间来寻找适合自己兴趣的活动。因此我们不应该拘泥于宿舍、教室这些常见的环境，而是可以寻找更多且适合自己学习、生活以及自我调节的环境资源。同时，我们也不应该沉溺于某些能够带给我们刺激或快感的环境，生活保持相对平衡更有利于我们维持积极的状态。

大学里良好的自我成长环境有助于我们得到全面发展的机会，培养我们的实际问题解决能力和社会责任感，更好地应对学业和生活中的压力，提高心理韧性，使我们能够全身心地投入学习与生活当中。此外，在适应环境的过程中，也要注重情绪或心态上的变化。有时，面对复杂的环境，我们很难从根本上对环境做出一些改变，所以创造适合自己的环境的过程可能并不像我们预想的那么顺利，我们也要学会接受心理落差所导致的心态上的变化。积极倾听自己或他人的想法，同样也是成长的必经过程。校园中提供了心理咨询和辅导服务，通过咨询及相关方式，或许能够让我们及时调整心态，应对环境的挑战。

运动同样也能够帮助我们迅速地融入和适应环境，在运动的过程中我们可以释放压力和缓解焦虑，有助于改善适应新环境时可能产生的压力和焦虑。同时，运动能够促进身体产生内源性的愉悦感，提高心理健康水平。

总之，创造适合自己的环境不是一蹴而就的，但在探索的过程中，我们同样能够得到成长。

▶ **案例分享：**

小陈原本梦想进入一所知名的大学，但高考失利后，他只能前往一所非常普通的大学。尽管失望，小陈依然对即将到来的大学生活充满希望，希望在新的环境中找到自己的发展空间。

然而，刚进入大学，小陈就发现自己学校与心仪学校存在巨大的差距。学校的设施和教学资源相对简陋，与他原本设想的教育环境有着较大的落差。小陈开始感到迷茫，对自己未来的大学生活充满疑虑。

在课堂上，小陈发现学科内容和难度与高中时相比有了明显提升，他需要花更多时间和精力来适应新的学科体系。同时，社交方面也是一个挑战，他发现自己与同学之间存在文化和兴趣的差异，存在一些难以逾越的沟通障碍。

然而，小陈并没有沉浸于失落中，而是选择通过积极调整心态来面对这些困难。他主动参与学校的社团活动，加入一些感兴趣的小组，与志同道合的同学建立了深厚的友谊。这让他逐渐找到了在大学生活中的归属感和发展方向。

在学业方面，小陈开始主动寻求老师和学长学姐的帮助，积

第二篇　适应大学生活

极参与课堂学习活动或学校组织的比赛，逐渐适应了新的学业压力。他还在学校图书馆和自习室里不断提升自己的学习效率，通过制定详细的学习计划，找到了适合自己的学习方法。

通过这些调整和努力，小陈逐渐克服了最初的迷茫感，找到了适应新环境的方法，形成了积极的生活态度。虽然与原先的期待有所不同，但他最终意识到每个大学都有独特的机会和挑战，而他正在经历这一丰富多彩的成长过程。

上述案例中，起初小陈虽然无法适应全新的大学生活，但是他并没有因此放弃，而是积极地寻找环境中有助于自我提升的资源，努力调整自己的心态，最终成功地适应了大学生活。

 陪伴心灵成长　让青春更美好

第三篇　认识和接纳自我

一、发展性的自我

人类伟大的地方在于不仅可以认识和探索这个世界，还可以将自己当作对象来认识。中国先哲孔子曾言"知人者智，自知者明"，雅典德尔菲神庙也将"人，认识你自己"镌刻在门前作为箴言。可见，认识自己是自古以来人们一直在探索的课题，只有认识了自己，才能清楚自己的定位，更好地实现人生的意义和价值。

但由于自我的复杂性，它包括生理、心理等不同层面，这些特征随着场景变换和时间推移在不停地发生变化。在这个认识过程中也容易受到旁人的影响，因此认识自己并不是一蹴而就的工作。发展心理学认为人心理的发展既有阶段性，又有连续性，比如过去发生的事情会对现在产生连续的影响，但是不同的年龄阶段又具有质的不同，从童年到青少年，在身体和心理特征上都会发生明显的质变。这种阶段性的变化在青少年身上体现得更为明显，因为它意味着个体从心智不成熟的状态在向成熟的状态进发，从依赖家庭转向独立发展，从单纯地追求学习和娱乐向考虑

第三篇　认识和接纳自我

恋爱情感、社会就业方向发展。

心理学家埃里克森从时间发展的角度对个体的心理发展提出了心理发展阶段理论，他认为从婴幼儿直至年老，个体的心理发展大概有八个阶段，而每个阶段具有独特的心理特征和发展目标。进入大学的青少年面临"同一性建立VS同一性混乱"及"亲密感VS孤独"两个阶段。前者指的是在这个阶段，个体需要对自己有清晰的认知和认同，形成一种统一的自我感，对自己是谁，想要做什么有清晰的认识；但是这个阶段的个体也会出现自我混乱感，感觉到迷茫，不知道自己想要什么，不知道自己的人生方向。这种混乱感，实际上几乎在每个青少年身上都有不同程度的体现，但是只有顺利建立自我同一感，才能发展为成熟健全的人。

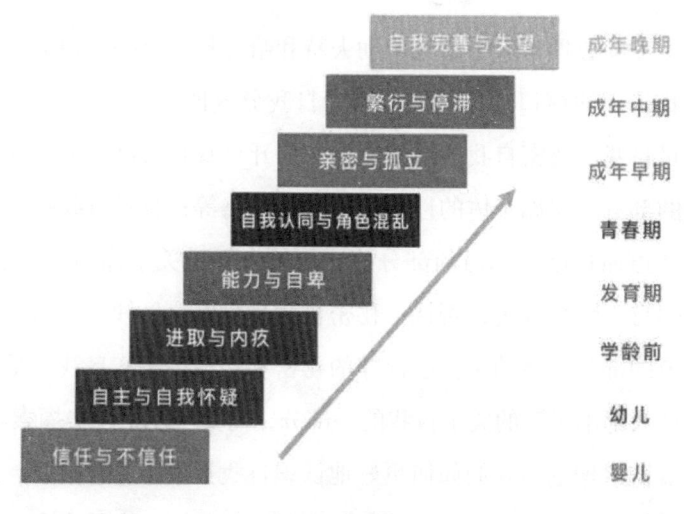

社会心理发展阶段

大学阶段的个体也会面临"亲密感VS孤独"的心理特征和

发展任务。青少年会产生亲密情感的体验和需求，与他人尤其是喜欢的对象有亲密接触的需要，这是身体和心理成熟的一种表现。这种心理需求促使个体想要融入与他人的亲密关系之中，如果没有建立亲密关系，人就会感觉到孤独，而孤独又更进一步促使个体渴望亲密的友情和爱情。

当然，由于心理发展具有延续性，大学生群体不仅有"自我同一感 VS 混乱"和"亲密感 VS 孤独"的典型特征，还具有此前各个年龄阶段未实现的心理任务的影响，比如信任感、羞耻感、内疚感、自卑感等，这些与大学阶段所面临的典型心理特征夹杂在一起，使得青少年个体对于自我认识和认同变得更加困难。

二、如何认识自我

美国心理学家约瑟夫·勒夫特和哈林顿·英格拉姆提出关于自我认识的窗口理论，他们认为自我分成四个部分：公开自我、盲目自我、秘密自我、未知自我。公开自我是自己和他人都很了解的部分，比如个体的性别、外貌、性格等；盲目自我指的是他人知道而自己不知道的部分，比如他人知道关于你的一些事情，而你自己无视或进行否认；秘密自我是只有自己知道，而他人不知道的部分，指的是自己保守的秘密和隐私；未知自我，是自己和他人都不了解的关于自我的一部分，需要个体主动去探索。

窗口理论为我们如何更好地认识自我提供了一种指引。这四个部分在每个人身上都有，但是比例不尽相同。有的人会否认自己，导致自己不能很好地了解自己；有的人隐藏自卑的地方，企

第三篇 认识和接纳自我

图让他人无从了解；有的人对自己充满盲目的自信，无视自己的不足，而他人却对我们有更全面的了解。当一个人的公开部分占据比例较大的时候，即自己和他人都能认识的地方，一个人的自我认识和认同才是比较健全的。因此，自我认识首先需要通过自我接纳和勇于展示自我，来扩大公开部分。比如接纳自己，在与他人交往时更加坦诚自信，不要过多地遮掩自己所认为的缺点。

对于盲目自我部分，可以在与他人交往时，善于倾听和接纳他人友善的建议。如果你在与他人交往时，很容易因他人指出你的某个方面的问题而大发雷霆，那我们不妨反省下自己为何对于他人这方面的评价如此恼怒，是否因为触碰到了自己的"软肋"，是否揭开了自己不愿意正视的伤疤。如果能接纳和正视自己的短处，不仅可以让我们在人际交往时更加坦诚，也能变得更加自信。

对于未知自我部分，由于自我还未曾体验过这部分生活，很难预想自己在这些事件发生时，自我会如何呈现。因此，我们可以主动大胆地进行探索和尝试，体验一些新鲜积极的事物，增加自己的各种阅历和体验，从而扩大对自己的了解。在现实生活中，很多人一旦有时间就会选择"躺平"或宅在家里，对于一些新鲜事物怯于体验，比如家人或朋友让我们出去旅游或尝试与陌生人聚会等，我们可能会选择拒绝，这种拒绝会减少我们的各种人生体验，也让我们失去更好地认识自我的机会。因此，在生活中我们应该尝试着勇敢体验，比如大胆站起来回答老师问题、出去参与各种人际交往活动、去不同的地方旅游等，从而让自我变得更加丰富饱满。

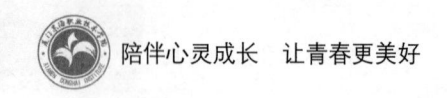

三、学会接纳自我

一个经常处于自我冲突的个体不仅不能更好地认识自己，还会感觉非常痛苦，因为他生活在自我内耗和自我攻击之中，不能原谅和接纳自我。在心理咨询过程中，我们经常遇到一些不自信的人，这些人会找出身上的一个小小的缺陷，或者根本不是缺陷的特征无限放大，总觉得不如他人，不能坦然面对自己和他人。比如一个长相帅气的男生，来到咨询室自述自己外貌不好看，通过询问后，发现这个男生认为自己耳朵偏小；一个漂亮可爱的女生对自己不够自信，通过询问后，发现该生认为自己的声音不够温柔。这种不自信，几乎在每个青少年身上或多或少地存在，严重的个体可能会因为自卑而无法正常与他人交往。除了外貌，性格的内外向、学习成绩的好坏、表达能力等都成为自卑的"重灾区"。

不能接纳自己的根源在于早年的经历和体验。埃里克森提出人在早年就发展出了自我内疚感和自卑感，经常受到父母和其他长辈批评的人可能会产生过多的自我内疚感和自卑感。这种感受不仅没有随着年龄增长而淡化，反而波及生活的方方面面，对于性格、长相、学习成绩、家庭背景都会产生深深的自卑感。不能接纳自己的个体经常纠结于无法改变的事实，并且将注意力都放在自己的"缺陷"上，从而失去了探索自己和体验生活的动力，难以获得新的人生体验和积极阅历，进而验证了自己的不足。

理解自己为何不能接纳自己，会让我们变得更加清醒，不埋怨自己，知道所谓的不足和缺陷大多是过去心理阴影的投射。要从过去的漩涡之中走出来不是那么容易，不仅要理解自己为何不

第三篇 认识和接纳自我

能接纳自己，还要学会一些方法以更好地帮助我们。下面介绍几种可以促进自我接纳的方法。

（一）学会观察自己

你是否曾经心无挂碍地去观察一支花，观察它的花瓣、根茎、叶子，仔细观察它的纹理、颜色、厚薄，当然我们也可以靠近了去仔细嗅出它的芬芳。你可以将自己替换成花朵，将我们的思想、情绪、行为替换成花朵的不同特征，观察它们怎样流动，观察它们怎样互相影响，不去过分干扰和阻碍它，保持平静的状态，你会逐渐发现自己是如此的丰富多彩，生命之中有如此勃发的生机。这种对于自己的观察，本身就是一种接纳。经常观察自己，你会逐渐接纳自己，变得越来越饱满和丰富。

（二）将自己与思想、情绪区分开来

当我们要做一些事情前，总会有一些念头出来干扰和阻拦，这些念头往往是消极、负面、悲观的，比如"你是不行的""你做什么事都将一事无成""你不会获得快乐""你会失败的"等等。很多人会产生这种念头，将它视为真实的情况，从而不能接纳自己，失去行动的动力。这些思想和情绪是否代表了真实的自己呢？其实它们只是我们从过去的经历中所接收的一些信息，但是我们过去接收的信息并不代表真实的自己。因此，不要将头脑里出现的各种评判的声音当作是自己本来的面貌，即使这些声音出现，我们依然要坚持自己的行动，相信一定会逐渐摆脱这些声音的困扰，变得更加真实和自如。

（三）阅读一本好书

在阅读的时候我们可以接受作者传递的很多信息，在内心重演书中的故事。通过阅读，我们身心投入其中，仿佛自己就是这里面的主人公。比如你看到《活着》这本书的时候，主角经历了种种人生的痛苦，依然努力地生活着，在阅读的过程中我们也跟随主角一起经历人生的起起落落和感受各种痛苦，一定程度上我们每个人内心也经历着这些活动。书中的人生和故事在我们心中不断上演，其实也代表我们内心也体验了部分这样的生活。因此，我们在阅读优秀著作的同时，其实也是在体验书中主人公的生活，如果他们能努力地生活，找到自己的人生意义，那我们也会产生共鸣，学会接纳自己的生活，过好自己的人生。

（四）学会辩证思想

宗教哲学经典《道德经》是一本深刻描绘各种辩证思想的书籍，它认为这个世界上没有绝对的好坏、善恶，福祸相依，所有事物都有他们的长处和短处。不能接纳自己的人，往往有完美主义倾向，苛求自己能尽善尽美，因为自己的缺点和不足而自惭形秽。学会辩证思想，辩证地看待这个世界，辩证地看待自我，就可以转变对自己的看法，发现自己所谓的不足和缺点在很多场景之中反而是优点和长处，从而变得更能接纳自我。

▶ **案例分享**

小美是某高校的大一学生，她是一个长相可爱的小女生，但是在人际交往中小美显得非常不自信，总觉得他人在打量和评价自己，甚至非议自己的长相或者品行。在和陌生同学进行交流时，小美也感觉很尴尬难以开口；即使有时想回答老师的问题和上讲台分享，也担心他人怎么看待自己。在多次犹豫后，小美鼓足勇气来到咨询室。

第三篇　认识和接纳自我

　　咨询过程中，小美自述父母对自己管教很严厉，经常以批评否定为主，哪怕一件事情做得还算合理，也会被挑刺。在这样的环境中长大，小美总感觉自己做事情不完美，不敢大方大胆地做事。咨询师向小美分析，这种原生家庭的教育方式是小美不自信的根源。我们小的时候看待问题并不是客观正确的，父母或成人的评价对我们怎么看待自己和世界具有决定性影响，随着慢慢长大，虽然生理在成熟独立，但是内心早已经习惯父母看待自己的方式，很难改变。上大学后，父母管教方式没有那么严格，但是我们还是会有一个在内心的父母时刻在评价我们。小美认为自己外貌一般和能力不突出，实际上这并不是事实，而是她依然在以父母的眼光来看待自己，是过去阴影的投射。

　　在了解到自卑的原因并不是客观上自己的外貌和能力问题后，小美开始客观地看待自己了，在接受自己不完美的同时，也积极看到自己的优点。经过咨询师建议，她开始练习一些接纳自己的方法，比如阅读书籍、不随意听从脑海里批评自己的声音，更加辩证客观地看待自己，促进自己更好地接纳自己。尤其重要的是，小美开始大胆尝试一些以前不敢去做的积极体验，比如主动回答老师问题，上台分享和演讲，主动参与社团活动等。慢慢地，小美能在各种场合自如地表达自己，自如地和他人进行交往，重拾自信。

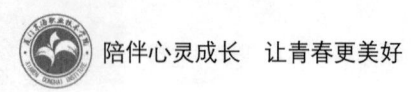 陪伴心灵成长　让青春更美好

第四篇　和谐处理人际关系

心理学家亨利的社会认同理论中认为，人类通过创造归属感和对群体身份的认同来构建自我概念。在人际关系中，每个人都会与特定群体产生联系，而这种关系则会影响我们未来的行为。人际关系不仅关乎我们个体的成长和幸福感，更在社会交往和人类共同发展中扮演着不可或缺的角色。在大学生活中，我们也同样面临人际关系的协调与联系，和谐的人际关系不仅能够增加我们对环境的归属感和安全感，还能够给我们提供重要的社会支持。如果无法拥有良好、协调的人际关系，可能会使我们在大学生活中产生孤独感，增加心理压力，影响我们的学业和个人发展。

一、和谐共度宿舍生活

在大学生活中我们最先要面对的往往就是宿舍生活，寝室生活占据了大学生活的绝大部分时间，如何处理寝室生活，对于整个大学生涯都是至关重要的。良好的宿舍关系通常能够为我们提供必要的情感支持、友谊与归属感。相反，不良的宿舍关系可能会导致孤立感、心理压力、学业困扰，甚至社交障碍，上大学的体验感不好。建立和谐的宿舍关系，我们可以尝试下列几种方法：

第四篇 和谐处理人际关系

1. 主动沟通交流

宿舍中汇聚了来自不同地区、不同文化背景的学生。有时，彼此的想法和习惯不同可能会导致产生分歧。因此，建立积极的沟通渠道是寝室生活的基础。建议同学们试着主动与室友进行交流，分享个人喜好、生活习惯和期望，以建立起相互理解和信任的基础。即使寝室中的部分同学我们很难与其建立亲密的人际关系，但通过主动的交流也可以更好地解决潜在的问题，避免误解的发生。

2. 尊重边界感

在宿舍这种共享空间中，尊重他人的个人空间也是关系和谐的重要因素。相互之间可以讨论设定一些共同的规则，关于物品使用、作息时间等方面，以确保每个人都能在寝室中感到舒适。尊重彼此的隐私及私人空间也同样重要，我们需要尽量避免由于破坏私人边界所导致的误会或矛盾。

3. 具有团队合作意识

我们需要积极参与寝室共同事务，如卫生和清理，也是维持寝室和谐氛围的关键。共同分担寝室的日常责任，培养合作的精神。或许可以定期进行寝室会议，讨论潜在的问题，分享对共同生活的期望，可以帮助我们建立起更加和谐的寝室氛围。

当然，一个良好的宿舍关系是需要维持与经营的，在这个过程中我们难免会遇到一些问题。当遇到矛盾时，建议采用成熟冷静的态度解决。寻求妥善的沟通途径，让所有人都有机会表达自己的观点，并共同找寻解决问题的方法。在处理冲突时，注重以事实为导向，避免情绪化的争吵，促进问题的理性解决。如果遇到实在难以解决的问题时，我们可以寻求辅导员或老师的帮助，避免矛盾冲突的进一步升级。

建立友谊和支持系统是寝室生活中的一项重要任务。努力与室友建立亲密关系，营造愉快的相处时光，可以让整个大学生活更加丰富多彩。在遇到困难时，相互支持也能够成为强大的精神力量。这些良好的寝室生活习惯和方式将为我们打下和谐、积极的大学生活基础。

▶ **案例分享：**

小明是一位大一新生，刚刚步入大学校园。他充满期待地迎接新的生活，然而由于对新环境的不适应和社交经验的匮乏，最初的几周里，他发现自己在人际关系方面遇到了一些问题。由于小明性格比较内向，对于与陌生人建立联系感到相当困难。在宿舍和课堂上，他常常感到与他人之间存在一种隔阂，渴望能够交到一些朋友，但不知道如何主动与同学们沟通。其次，李明与一些来自其他城市或地区的同学存在一些文化差异。有时候，他感到自己的生活习惯和沟通方式与他人不太一样，这使得他在集体活动中感到有些孤立。

面对这种情况，小明感觉到了孤独和痛苦，于是前去寻求辅导员的建议。通过和辅导员的沟通，小明了解到其实是自己可能在集体生活中过于被动，于是他主动找到室友进行了一次坦诚的谈话。在谈话中，他表达了自己的感受，解释了自己的困惑，并询问了室友对他的看法。这次沟通帮助他打破了冰冷的氛围，让双方更加理解对方的需求和期望。不仅在交流之中，小明尝试着主动分享和表达自己的观点，小明也积极承担起维护宿舍利益的

各种活动任务，比如主动打扫宿舍卫生、筹划宿舍聚会活动等。在辅导员和同伴的鼓励下，小明主动参与了一些学校组织的迎新活动和社团文化活动。通过这些活动，他结识了更多的同学，逐渐找到了志同道合的朋友。这不仅丰富了他的社交圈子，还为他提供了在大学中共同成长的伙伴。

二、积极参与班级和社团生活

在大学生活中除了宿舍生活外，班级和社团生活在大学生活中也具有重要的意义。班级、社团生活与宿舍生活相比，更多元、自由一些。在班级中，我们可以互相学习、合作，共同面对学业上的挑战。社团生活则为大学生提供了更为广泛的交际平台。在各种社团中，我们可以根据自己的兴趣爱好选择加入喜欢的社团，与志同道合的同学追求共同的目标。社团活动不仅能够丰富我们的课余生活，还培养了我们的组织协调能力以及团队协作精神。所以班级与社团生活同样也是维持大学生活稳定的关键。

首先，积极参与班级活动是融入班级的重要方式。我们可以主动与同学交流，讨论学习和生活中遇到的问题。在学期中，及时与老师交流，分享自己的想法或疑问。可以试着与有相同目标的同学组成学习小组，彼此督促，彼此分享。在班级中，要学会尊重他人的意见，合作往往是我们进步的必要过程，学会合作更有助于形成良好的班级氛围。

其次，加入校园社团是新生拓展人际圈的重要途径。选择与自己兴趣相符的社团，积极参加社团举办的活动，可以结识志同道合的朋友。在社团中，我们同样可以发挥自己的特长，展示自己多元化的一面，在日常的社团运营中不仅要发表自己的意见，还要善于倾听他人，建立起互信的关系。这样才能提高解决问题的能力，培养与他人协同工作的能力。

如果我们在班级或社团中担任一定的职务，那就更需要我们及时参与班级和社团的各类活动，并计划团建、召开会议等，这些都有助于拉近与同学和社团成员的关系。通过这些活动，能够更好地了解他人，也能够在轻松愉快的氛围中提升自己的社交技能。当我们在班级或社团中面临困难或矛盾时，学会与同学或社团成员坦诚交流，寻求共同解决方案，避免冲突升级。虽然解决问题并不是一件容易的事，但当我们勇敢地踏出第一步，许多问题可能就会迎刃而解。

总体来说，在班级和社团生活中更注重积极参与、团队协作、沟通合作等方面能力的培养。通过这些努力，我们也可以为未来的人际关系发展打下一定的基础。

三、学会处理社会人际关系

我们经常会听到这样一句话"大学就是一个小型的社会"，之所以这样说，是因为在迈入大学这个全新的环境后，我们需要面对和独自处理人际关系。宿舍和班级、社团人际关系的和谐发展，为我们能够面对社会上的更为复杂人际关系提供了更好的锻炼和帮助。社会人际关系包含学校人际关系，却又远超过了学校人际关系。在大学之中，可能面临的社会人际关系有以下几种：

1. 兼职关系

很多大学生通过兼职来锻炼自己的工作能力，同时也体验到自己挣钱自己花的独立感。在兼职时，我们就涉入了更为现实的社会关系之中，包含付出劳动力与收获经济利益的对等。在兼职过程中，我们需要和老板、同事、顾客建立好人际关系，秉持诚实守信、谦卑尊重的工作作风。同时，也要处理好与学业、人际关系的平衡，不能因为兼职而忽视了学业的发展及淡化和宿舍、班级同学的关系。当然，最重要的是，在兼职过程中也要学会保护自己的合理利益，不因贪图便宜而上当，不盲目相信商家的不可信承诺而受骗。在发生争执时，记得寻求家长、学校或警察的介入来帮助维护自身权益。

2. 实习关系

实习是每名大学生在毕业前都会面临的，它帮助我们尽快地与社会接轨，尽快地找到适合我们的工作。从学校突然转入企业单位工作，一些大学生显得非常不适应，因为在学校里学的理论知识不一定适用于现实的工作岗位；在学校里学习的内容过于理论化，当面对复杂的现实人性时会感觉到失望和害怕。因此，要为自己的实习早做规划和准备。在心理上要调整好自己的预期，不能抱有过分追求公平合理的原则，因为实习过程中我们由于工作经验不足，往往收入很低甚至没有收入，但是可以通过实习来收获工作经验。在人际交往之中，与人友善、诚信交往，同时也要注意保护自己的权益，不能随意听信他人谎言、谣言而迷失自我。

3. 网络交友关系

现在交友不限于现实环境，通过网络我们可以与不同的人

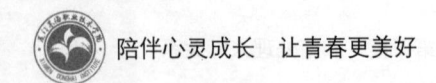

建立友谊或其他感情,但是网络交友一定要谨慎,因为你不知道对面是什么样的人,她/他说的话是否真实可信。建立亲密关系需要时间,不要轻易相信陌生人,特别是在金钱或个人隐私信息方面,比如借钱转账给对方或者发送自己的隐私照片等,这些都可能让自己面临上当受骗或被威胁的可能。在交友过程中,也要学会保持自我的独立思考和决策能力,不随意受他人操纵,对于一些不合理的请求要果断拒绝。请记住,交友的前提是保护好自己。

第五篇　学会自爱和爱人

一、爱情是什么

大学生群体进入成年早期，生理逐渐成熟，对于爱情有了一定程度的需求，但是青少年的心理依然比较幼稚，对于爱情的看法不一定稳定和成熟。因此在爱情可能会盲目，遭受伤害，这种伤害甚至会影响以后的婚姻、家庭。因此，正视爱情，学会自爱和爱人是青年群体非常重要的一门课程。

爱情是什么呢？心理学家斯滕伯格认为爱情有三个成分：激情、亲密、承诺。激情是一种与身体亲密相关的需求，它意味着恋人间有生理吸引和融合的冲动；亲密是指感情的无间，两人可以互相分享很多人生经历，具有相同或互补的价值观，可以彼此理解和给予精神支持；承诺是两人为了更好的未来、彼此的幸福去做出有利于自己和对方的行为，比如照顾好自己的身体，努力地学习、奋斗，并希望通过自己的打拼为两人创造幸福的未来。完美的爱情则是这三者的结合与平衡。

事实上，大学生的爱情往往是由于生理的觉醒和情感陪伴的需求，缺乏的是对未来的承诺，因为激情和内心的孤独，需要得到他人的理解、支持而走到了一起。这种爱情更加倾向于激情、亲密陪伴的需求，被斯滕伯格定义为喜欢式爱情、迷恋式爱情或浪漫式爱情。由于缺乏承诺，缺乏着眼于为将来幸福而努力的行为，因此，大学生的爱情往往遇到现实问题和的困难，就容易产生动摇，甚至面临分手的境地。

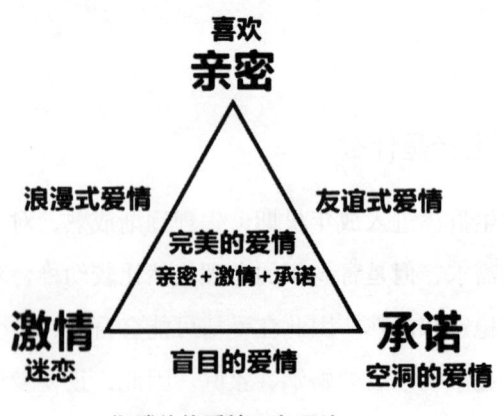

斯腾伯格爱情三角理论

二、大学阶段爱情的特征

大学生的心智正在向成熟转变，并且独立性也在增长，生理趋于成熟，对于爱情具有本能的向往，但给予彼此的承诺没有条件实现。这些身心特点也使得大学生的爱情具有独有的特征。

（一）理想化

大学生虽然生理成熟，但是心智依然幼稚，对于爱情的看法很片面，认为爱情是纯洁无瑕的，两个人互相喜欢就能胜过一切，不考虑其他影响因素，甚至认为其他因素对爱情是干扰。这种理想化不仅是指对爱情的看法，也指将对方理想化，认为对方

就是那个唯一懂自己的人。大学阶段爱情的理想化为这份爱情添加了浪漫主义色彩，但也制造了与现实的各种冲突和矛盾。经过一段时间的陶醉后，可能最终会发现爱情需要考虑现实因素，而对方并不是自己心中的"白马王子"。

（二）不确定性

大学生处于学习成长阶段，依然要以学习和努力上进为目标，而过于陶醉和沉浸的恋爱无疑一定程度上会分散在学习上的精力。父母认为子女身心不够成熟，过早地涉入爱情可能不仅耽误学习，也会伤害自己，往往都持反对意见。因此，大学生的爱情其实开始的时候就面临着压力和挑战，缺乏安全感和确定性。

（三）承受力差

大学生初涉亲密的情感关系，对于这种感情既充满了期待，又感觉到惶恐不安。彼此没有丰富的经验来面对在相处过程中的矛盾和争执，在遇到问题时，也没有足够的能力来妥善解决。因此，大学阶段的爱情对于青少年而言既甜蜜，有时又充满难以承受的痛苦。一旦发生矛盾和争吵，就会感觉到内心遭受了很大的伤害，影响学习、生活的方方面面。

（四）盲目性

大学生对于爱情并没有形成自己的成熟观念，对于爱情的认识往往来自书籍、影视剧、自媒体的宣传。这些流传的爱情观并不一定符合现实，往往充满了浪漫、叛逆、悲壮色彩等，导致青少年在追逐爱情时过分看重过程而不是考虑结果，甚至情愿为了对方"赴汤蹈火"，不顾及父母的劝阻，不考虑学业和成长。因此，大学生的爱情充满了盲目性，这种盲目往往导致大学生忽视

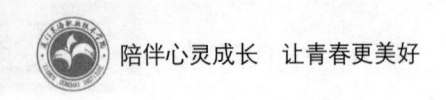

了当下更为重要的事情和任务，甚至在清醒过来后后悔自己的选择。

三、大学生应该抱有什么样的恋爱观

恋爱对于已经逐渐步入成年的大学生而言是一个必须面对的话题。当然，并不代表大学生都需要谈恋爱，而是当我们面对恋爱时应该秉持什么观点和态度，对于双方的行为有清晰的认知和界定，拥有正确文明恋爱的能力。

（一）自爱是恋爱的前提

恋爱虽然是生理成熟后的一种本能冲动，但是只有先爱自己才能更好地爱对方。自爱并不是将自己的利益凌驾于对方利益之上，而是在做出一些选择前，要衡量这种行为是不是自己内心的意愿，是否有利于自己的成长和发展。如果对方的要求不符合自己的期望或价值观，就要明确地向对方传达自己的想法，不应该害怕对方的拒绝而委曲求全。以牺牲式付出换来的爱情，并不是爱情，而是祈求与施舍的不平等行为，最终只能让彼此受伤。

（二）在理想和现实中做到平衡

大学生依然处于青年阶段，在爱情中饱含激情，看待问题容易片面化和理想化。比如将对方视为完美无瑕的人，将爱情视为高于一切的感情等。爱情本来衍生自生活，生活就会遇到各种现实问题，柏拉图式的理想爱情很难存续。在恋爱中要学会平衡自己的学业、成长、友情、亲情和恋爱的关系，不能为了恋爱而荒废自己的学业，为了爱情而忽略其他感情。

（三）尊重彼此人格独立

大学生追逐爱情，将爱情视为自己成长的标志，视为自由追求独立生活的象征，很多时候却因为爱情而失去了自由，被所谓的爱禁锢住自己的理想与追求。爱情具有排他性，双方总是想占据对方所有的时间，对于那些本没有安全感的人而言，更加需要对方将所有时间都花在自己身上。这种爱情，会禁锢彼此的发展，甚至形成病态的依赖和控制感。恋爱之中也应保持足够的理性和现实界限感，尊重彼此，人格独立，给予彼此足够的成长空间，既要依恋着对方，又要学会独立。

（四）爱情中的利他主义

利他主义是每段和谐感情中必须具备的，在恋爱过程中也要学会考虑对方的需求和利益，促进双方的成长。在激情式恋爱中，往往倾向于只满足自己的需求和依恋，对于对方具有强烈的渴望，这种渴望可能会导致无视对方的利益，不利于形成和谐健康的恋爱关系。因此，在爱情中除了自爱外，也要考虑自己的言行是否尊重对方，是否有利于对方的成长与发展。将利他行为融入爱情之中，会让对方感受到包容、理解和尊重，促进爱情不断向前发展。

四、在爱情中容易遇到的问题

（一）大学阶段是否要谈恋爱

恋爱虽然是正常男女生生理成熟，寻求建立亲密关系的本能冲动，但是并不是所有的男女生都要在这个阶段谈恋爱。因为，这个阶段的个体面临着学业、就业的压力，情绪不够稳定，价值观还没有完全成熟，因此盲目地涉入一段恋爱可能不仅会受伤，还会耽误其他事情。但是如果你身心比较成熟，并且抱有合理正确的恋爱观，父母也能理解和支持你，当遇到合适的对象，也不妨加以认真考虑。

（二）爱情是否与性化等号

一部分人谈性色变，将性视为不可触碰的禁忌，这种对于性的恐惧制造了很多不健康的爱情、婚姻观。性是在身心成熟后的一种本能的冲动与追求，甚至成为爱情中非常强烈的动机。但是性并不是爱情中的唯一动机，少数同学将性等同于爱情，只看重自身的生理需求而忽视爱情中其他的元素和对方的利益。在没有亲密感和充分的信任、安全感的前提下发生的性关系是十分盲目的，有可能对彼此造成很大的伤害。因此，性虽然是爱情中的一个重要因素，但是并不意味着建立爱情关系，就需要和对方发生关系。在爱情中既要做到不谈性色变，也不要过于追求性的需求，在注意保护自己和对方的前提下，当爱情进入到成熟稳重的关系时才需要考虑是否和对方建立更为亲密的身体关系。

（三）怎么走出失恋的阴影

年少懵懂的爱情大部分会无疾而终，甚至会对彼此造成一定的心理创伤，也就是失恋的痛苦。认真投入的恋爱，如果到最后面临分手，让人感觉到失望难过、难以接受是最正常不过的。其实，几乎每个谈过恋爱的人，都经历过失恋的痛苦，你并不是唯一的那一个。也有人努力想忘记过去，将过去那段不成功的往事为自己的伤疤和耻辱，这种遗忘虽然短时间内可缓解痛苦，但却还是会对以后的恋爱产生心理阴影。

要度过失恋的痛苦，首先要学会面对和接受这种痛苦，这是认真投入和付出的代价，也是每个有勇气进入爱情关系的人都会承受的痛苦，能面对和接受这种痛苦继续进行生活往往代表着你是一个成熟独立的个体。其次，要感谢对方曾经带给自己快乐，感谢对方带给自己经验和教训，记住痛恨只会放大痛苦，而只有感恩才能真正走出失恋的阴影，进入下一段更美好的爱情。除此，利他主义也会让自己较快地走出来，思考一下这段爱情如果不合适，继续下去是不是在伤害和耽误对方呢，有时为了对方我们情愿放下自己的执念，这也许才是真正的爱。最后，要学会理性地思考，想想恋爱开始的时候你希望获得的是彼此的快乐，而现在你获得了什么呢？如果已经到了两人都痛苦的境地，也许选择放手是对彼此都更好的结局，从而做出理性的选择，一个对彼此更好的选择。

（四）识别 PUA 行为

PUA 本义是"如何成功地吸引一个女孩"，它通过将男生的外貌、经济条件、品行等进行包装，从而吸引女生的注意力和好感。随着演变，PUA 逐渐变成一种操控恋爱对象的手段，通过一系列心理操控手段让对方失去独立的人格和尊严，为了自己的私利而牺牲对方的各种利益，让对方成为自己的附属品。比如在少部分恋爱关系中，有些人以爱的名义，不顾及对方的尊严和利益，要求他人为了自己改变性格、思维、人际交往等，自己享受一种高高在上的操纵他人的快感，被操纵的恋人陷入一种失去对方就难以生存下去的病态依赖关系。如果你的恋人经常以爱你的名义要求你改变很多行为，约束你正常的人际关系，将你塑造为他喜欢的样子，而你自己却不断丧失自我，失去独立和尊严，只能依赖他带给你存在感，那你要考虑这段恋爱关系是否存在 PUA 行为。当然，在任何恋爱关系中我们都不能一味地责怪对方，如果发现感情中存在 PUA 行为要及时停止这种病态的恋爱关系。同时，要反省自己是否不够自爱，过于依赖对方，过于牺牲自己而换得他的青睐，从而让对方有可乘之机。

（五）什么是"恋爱脑"

"恋爱脑"顾名思义，就是自己失去了正常的理智，全身心地投入到恋爱关系之中，为了对方主动地放弃自己的学习、生活、人际关系等，自己的情绪非常容易受到对方的影响。正常来说，凡是进入热恋期的男女都会带有部分上述的特征。但是，"恋爱脑"严重的个体毫不顾及自己的利益，为了对方付出一切，失去对方仿佛就失去一切，具有病态的爱意和依恋感。这种感情对双方而言都是很难持久的，双方的地位并不平等，反而有一种窒息感。在恋爱关系中，应该保持足够的理智，保护自己独特的存在感和尊严，只有双方感受到平等、自由，才是健康和谐的恋爱关系。

（六）关于性取向的误解

随着大学生性意识的觉醒，极其少数的群体可能感觉自己喜欢的是同性，对同性有生理性的亲密感，这种性取向可能是同性恋表现。有些人对同性恋感到恐惧，甚至讨厌和排斥同性恋群体，这往往是对同性恋的误解所造成的。大部分同性恋是由天生的基因决定的，并不是自己主动的选择，就像大部分人出生就是异性恋一样正常。本身是异性恋的个体也不可能因为和同性恋具

第五篇　学会自爱和爱人

有正常的友情关系而能改变性取向。因此，我们不需要因为他人具有不同的性取向而进行歧视和贬低。

▶ **案例分享**

小芳是某大学学生，在寒假兼职期间，她认识了附近其他学校的一位男生。起初，小芳对该男生并不感兴趣，但随着男生长时间对她展开追求攻势，小芳答应了恋爱的请求。两人在一起度过了甜蜜的假期，小芳也渐渐地对该男生产生了依赖。开学后，两人分开回到彼此的学校，依然经常保持联系。但是小芳作为班干部和社团的骨干成员，偶尔因忙碌于学习和社团事务而未及时回复信息。

该男生觉得小芳似乎对其有所疏远而开始抱怨，认为小芳不够爱他，对他不够热情，自己却一天到晚都是围绕她在转。小芳在男生的各种数落中，发现自己似乎确实没有照顾好男朋友的情绪，没有尽到女朋友该有的责任。于是在男友的鼓动下退出社团，在上课时也经常与男友聊天或一起打游戏。渐渐地，小芳似乎和男友又恢复了甜蜜如初的爱情关系。但是过了不久男友又开始抱怨小芳与朋友们联系过密，认为那些朋友可能居心不良，于是两人为此吵架。男友认为爱一个人，就应该是全心全意为对方付出，而且那些人不仅会耽误两人恋爱，还可能有所图谋。最终，小芳同意男朋友的要求，疏远与舍友和好朋友的关系。大学三年期间，小芳就这样一直沉醉在恋爱的温柔乡里，没有认真地学习专业知识，也没有结交朋友和发展自己。

在即将毕业时，男朋友在自己的家乡找到了一份不错的工作，而小芳却一直焦虑地递交各种简历。就在小芳感觉到自己前途渺茫而每天郁郁寡欢时，男朋友以两人不合适为由提出了分手。小芳感觉到如晴天霹雳，难以接受分手的事实。她对男朋友说："我为你付出了那么多，你却最后选择和我分手。"但是男朋友也有自己的理由："爱情本来是平等的，我也为你付出了很多。既然现在不爱了，为什么还要勉强彼此呢？"在多次挽留无果后，小芳情绪陷入崩溃状态，企图采取极端手段来威胁男生复合。这件事后来闹到辅导员和家长那里，经过辅导员的介入疏导，小芳在家长陪同下前往心理医院进行诊治。经过很长一段时间的休息和心理治疗后，小芳才慢慢接受现实，走出失恋的阴影。

在这段以浪漫邂逅开始，彼此伤害告终的爱情之中，你认为谁的责任更大呢？两个人相爱，互相为对方着想，这样的爱情才是甜蜜的。但是在这段爱情之中，我们看到更多的是男生因自己的不安全感而控制女生的人际关系剥夺其发展空间。而女生却因为所谓的"爱"而一味委曲求全，失去了自己的理想和追求，成为男生的附属品。在这段爱情之中，两个人都有责任，不能完全地怪罪于谁，即使一方有过分的要求，另一方也可以提出拒绝。诚然，爱情确实存在付出的成分，但是这种付出是有底线和原则的，一味牺牲自己的利益换取对方的开心，只会让两个人之间的关系变得不平等，既会耽误自己的发展，也让单纯美好的爱情变质。

第六篇　认识和接纳情绪

一、正确看待负面情绪

（一）合理的负面情绪

你的情绪是否稳定，你的情绪是否正向呢？我们每个人只要去察觉，就会发现自己时时刻刻都拥有情绪，哪怕处于稳定平静的状态，也是情绪的一种表现形式。因此，无论你喜欢与否，情绪都会伴随着我们，在我们的生命之中扮演非常重要的角色。离开了情绪，人就不能称之为人。

人类的情绪丰富多彩，比如喜怒哀惧等，诚然我们每个人都喜欢积极正向和稳定的情绪，但是负面和波动性的情绪却如影随形，似乎负面的情绪反而更为持久和具有影响力，比如我们会忘记小时候发生的一些愉快的事件，但是对于一些负面的事件却终生难忘。有的人小时候被狗咬过，长大了也会惧怕狗，哪怕你忘记了具体事件，这种情绪依然在潜意识深处根植，甚至晚上会经常做噩梦。

从进化心理学的角度来看，如果一种事物没有价值和意义就会消失，那负面的情绪的存在究竟有什么样的功能和意义？试想一下，当你愤怒的时候，你感觉到了什么？你应该会感觉到充满了力量、敌意和攻击性，那这些身心的变化对于你有什么样的价值呢。如果你面对的是一只疯狗，它对你狂吠不止，你在避无可避的情况下，激发愤怒的情绪与其进行搏斗，必然会更好地保护自己。试想一下，当你恐惧的时候，你感觉到了什么？你应该感觉到害怕、退缩、焦虑，希望能尽快从当下的场景之中逃离。比如你突然面临一场火灾，这种恐惧的心理状态会促使你尽快寻找逃离火灾现场的方法。试想一下，当你悲伤的时候，你感觉到了什么？你会感觉到孤独、伤心，想得到他人的理解、支持和帮助，而这种状态会让我们更好地与他人建立良好友善的人际关系。以此来看，每种负面情绪都可能激发出让我们更好地生存和发展的能量。如果一味地否定它，排斥它，只会让自己无法正确地面对和拥抱情绪，让自己失去与生俱来的强大力量。

（二）不合理的负面情绪

其实，让我们感觉到困惑的并不是这些有利于生存和发展的情绪。在一些时机和场合之中所展现的不恰当的情绪，对个体的生存和发展带来负面影响，甚至让人止步不前，让个体感受到难以自拔的痛苦情绪才是我们应该妥善面对和解决的问题。比如，你在不应该感觉到恐惧的情景之中感觉到前所未有的恐惧，在不应该感觉到愤怒的情景之中感觉到怒不可遏，在平淡舒适的环境之中依然经常感觉到悲伤难过。这些不合理的负面情绪，让我们深陷其中，感觉到自责和愧疚，有时因为愤怒伤害了他人而感到自责，因为回避了本不应该回避的场景而感到自卑，因为莫名其妙的悲伤而对自己失望和有挫败感。

请记住，过去发生的给我们带来伤害的负面事件对我们的生存和将来发展有积极意义，它有利于我们以后规避类似事件或环境。每个人在成长过程中所遭遇的负面事件不尽相同，负面事件诱发的痛苦超出了个体当时能承受的强度，就可能产生心理创伤。有的人因为原生家庭父母关系不和，经常吵架甚至大打出手，从而对自己将来的婚姻和家庭产生恐惧；有的人因为自己外貌、言行等曾在公开场合被他人嘲笑而变得自卑和具有社交障碍；还有的人因为曾被自己交往的朋友、对象背叛而不再相信友情和爱情，变得自闭保守。不合理的负面情绪几乎人人会有，但是如果一个人的负面情绪对于个体的生存和发展形成了长期的阻碍，就需要我们加以重视和着手进行解决。

二、接纳和觉察负面情绪

（一）改变对情绪的错误认知

对负面情绪的解决策略首先在于理解和接纳。可能部分人认为接纳负面情绪后，它的影响会扩大，人会更加痛苦。实际上，如果你能真正地接纳负面情绪，不去抗拒它，可以很大程度上缓解负面情绪的影响，让我们更好地学会成长。

接纳情绪的第一步，就是改变对于负面情绪的错误认知，给予它正当的地位。情绪的产生是当下环境、你过去的经历、你的认知观念甚至你身体状态等多种因素决定的，单一的因素很难完全决定你情绪的类型和强度。所以情绪其实并不是痛苦的源头，它只是这些因素综合加工后心理产品，相当于流水线的末端。如果你因为不规律生活和习惯性熬夜导致身体疾病，你是应该怨恨你的身体虚弱，还是要责怪自己没有规律生活和照顾好自己的身体呢？情绪被误认为是导致你痛苦的源头，当你因为过去在公共场合被嘲笑而开始变得恐惧社交，也许你开始因为这种恐惧情绪而批评自己，但是需要追溯的难道不是我们的信念和想法吗？

因此，当人产生了不合理的负面情绪时，我们应该追溯源头而不是已经成为产品的情绪，源头往往是我们的信念和想法以及当时的情境等。当人具有这些不合理的负面情绪时，其实是在暗示"我的想法或者思维出问题了""也许我需要改变我的想法和行为"，如果你忽略这种提示，反过来憎恶自己的负面情绪，不仅不能从情绪之中得到启示，还会让自己一直陷入情绪的痛苦之中。比如，因为社恐而无法正常地开展社交行为，一些人会下意识地反感和厌恶自己的恐惧情绪，对自己的恐惧感到自责和愤怒。这种反感、厌恶、自责和愤怒是因为我们抗拒自己的最初的社恐情绪而生，它们会阻挠你认识真正的现实和改变自己。反过来，如果尝试着接纳自己的社恐情绪，在出现社恐行为时接纳它成为你的一部分，不要自责、愤怒、反感，分析事情的真相，然后再试着改变它，那你感受到的痛苦就会少很多。

（二）正念冥想

正念冥想是促进自己接纳负面情绪的一种非常有效的方法。正念冥想在人们的观念中与宗教思想有关，似乎它更多的是和尚修行的一种手段，但它并不是宗教修行的独有行为。很多心理治疗方法都将正念冥想引入其中，比如ACT（接纳和承诺）疗法将其作为心理治疗中的核心成分。

第六篇　认识和接纳情绪

如何做到正念冥想呢？你可以每天花一点时间进行刻意的训练，也可以在日常生活中自然地进行。通俗来讲，正念冥想就是不加干涉地进行观察和觉察，你可以从最简单的呼吸进行。将注意力放在自己的呼吸之上，观察自己的每一次呼气和吸气的过程与状态，察觉它的持续时间，呼吸中感受到的空气流动，它带给身体的每一次变化。

除了呼吸，几乎所有的行为都可以作为正念冥想的对象，比如你此刻阅读文字的状态，你坐在椅子上的状态，你每一次喝水和咀嚼食物时候的状态。以正念饮水示范，你可以感受此刻干渴的喉咙和身体对于水的渴望，你伸出自己的左手或右手拿起水杯，感受手指触碰水杯和端起水杯，当水杯和自己的嘴唇慢慢靠近时，感受自己身体的变化。当水杯和自己的嘴唇接触，水慢慢渗入自己的口腔，水顺着吞咽的动作，进入喉咙直至肠胃时的感受，我们都可以进行自然的注意和觉察。通过正念行为，你可以变得更加专注和活在当下，对于自己的状态有更好的觉察和掌控感。这种觉察与掌控感，恰恰是负面情绪的"敌人"，当人处于负面情绪中时，注意力就会被负面情绪淹没，变得惶惶不安，不能关注自己的当下。当人处于恐慌、愤怒状态时，更会被支配，变得不像平时的自己，因此经常地练习正念行为，可以很好地积累对抗负面情绪影响的力量。

正念冥想不仅可以将行为作为注意和觉察的对象，也可以将内在的思想和情绪、心理状态的变化作为对象。这种正念冥想可以在内心创造广阔的空间，增加我们对于负面情绪、思想和心理状态的容忍度，让你即使在强烈的情绪面前也能正面直视它，观察它对你的影响，让你保持足够的理性和行为选择，而不会被情绪完全淹没，失去自我。比如，当你处于愤怒状态时，你可以尝试着调整自己的呼吸状态，将自己的注意力集中在自己的呼吸频率上，观察它是否比平时更加紧促和浅薄。然后将注意力转移到自己的身心状态和头脑中来，自己的身体感受到了什么？内心里有什么想法？这些想法告诉你什么，它想让你做什么。跟随它的轨迹，你不需要过多地干涉或阻止它，想象它是广阔的天空之中飘过的云朵或者它是顺河而下飘来的树叶。经过长期的训练，你可以从正念冥想之中得到宁静之感，你的情绪变得更加可以接近和控制，你的身心会变得更加从容和有力量。

三、调整和改变情绪状态

除了正念冥想，我们将介绍几种更加积极主动地改变情绪的策略，作为改变调整情绪状态的方法。

（一）改变认知观念

情绪 ABC 理论认为，情绪作为一种结果（C），是受到我们的信念价值观（B）对于事件（A）的解读的影响。通过改变我们的想法、思维、信念，就可以改变情绪状态。绝对化（抱有"应该""绝对""一定"等绝对概念）、非黑即白（抱有绝对的对错、是非观）、糟糕至极（对某件不符合期望事件的发生进行灾难化的想象）三种不合理信念会让我们产生各种不必要的负面情绪。比如社恐的人群，会有糟糕至极的信念，即"如果我与陌生人进行交流，一定会发生非常可怕的事情"；一个对他人经常愤怒的人，至少拥有绝对化的观念，即"他人一定/应该要怎么，

如果他不这么做，就意味着他是错的，他需要受到惩罚"。

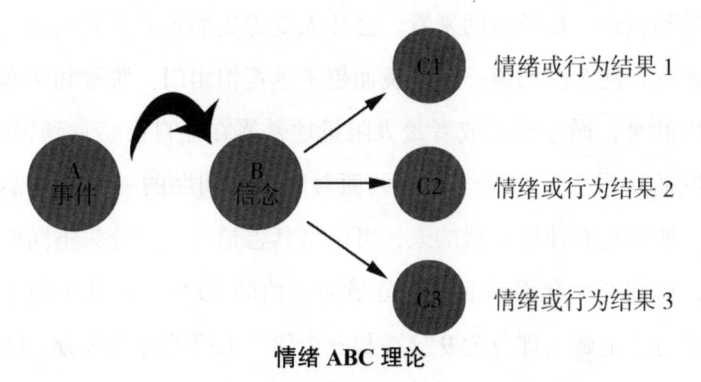

情绪 ABC 理论

要改变自己的不合理信念，可以通过自我辩驳，以及用实际行动来验证这种信念是否合理，从而让自己的价值观更加具有包容度、更加中性、客观。比如对于社恐的人群，可以思考自己的灾难化想象是否正确，可以让自己暴露在恐惧的环境下来检验害怕的事情是否发生了。坚持这种自我辩驳、行为验证，可以改变自己的不合理信念及随之而生的情绪。情绪 ABC 理论的创始人艾利斯，曾是一个非常容易产生社交焦虑的人，尤其面对异性会感觉到恐惧，难以进行正常交往。他此前的核心信念是，如果与异性搭讪，异性可能会认为他是一个变态的人，会拒绝他。后来，他在一个公园里，见到陌生的异性坐在长凳上，就会与之进行礼貌合理的搭讪交谈，最后却发现这些异性基本回以友善的交流，自己所假设的恐怖结果并没有发生。慢慢地，他不再社恐，可以在很多陌生的环境下进行正常的人际交往。

（二）脱敏和暴露疗法

这种方法尤其适用于焦虑、恐惧情绪，很多人都会对一些场景或者是特定的物体产生恐惧，为了避免这些负面情绪的影响，人们下意识地会选择逃避这些场景。这种逃避，只会暂时地让人感受到轻松，从长时间来看，会让人变得更加容易受到负面情绪的影响，甚至因回避一些环境而越来越害怕出门。脱敏和暴露疗法指的是，循序渐进或者最大限量地暴露在让自己感觉到害怕、恐惧的场景中，它是学会勇敢面对困境和问题的一种心理学变式。如果具有社恐症状的人，可以将其害怕的场景分为不同的等级，比如在大众面前演讲评分最为害怕的10分，在几个陌生人面前自然地聊天评分为9分，和一个陌生人搭讪评为8分，随着社交难度的逐渐降低，感觉到的恐惧情绪评分也会随之下降，如自己一个人待在房间里评分为2分。在克服社交恐惧的过程中，可以从稍微有点紧张害怕但是可以面对的场景开始尝试，经过多次尝试，当面对这种等级较低的社交场合没那么紧张后，逐渐向评分等级高的社交场合尝试。脱敏疗法的根据是，人的大脑神经具有"喜新厌旧"的本能，当重复地暴露在让人恐惧的环境下，大脑神经对于恐惧场景的反应会逐渐钝化，从而适应这样的环境。因此，如果你有一些不合理的焦虑、恐惧情绪，你可以尝试着为自己制定脱敏计划，从而一步步摆脱负性情绪的桎梏。

（三）提升个人生命能量

负性情绪不仅会带来主观痛苦感受，它还会耗散人的生命能量，让人感觉疲惫；长久处于负面情绪之中更会让人对于生命和生活失去希望和兴趣。如果你曾经和抑郁症的人聊天，你会发现他们什么都懂，甚至比你更为透彻，但是他们失去了对于生活的兴趣和能量，缺乏足够的生命能量来应对各种生活事件。如果能提升个体的生命能量，将会破除负性情绪的阴影，使人重新掌控

自己的生活。美国心理学家菲尔.施图茨认为生命能量自古便有，比如印度瑜伽里将之称为"息"、中国古代哲学和武术里将其称为"气"。瑜伽通过进行冥想、中国武术通过太极等修炼，从不同古代文化对于生命能量的定义和修行方法，我们可以知道生命能量与自我感知、身体运动息息相关。

　　施图茨将生命能量的提升方法归为三类：照顾好自己的身体、处理好和自己的关系、必要的人际关系。照顾好自己的身体对于生命能量的提升远远超过人们所预想的那样，所有的身心功能的有序健康运作，都建立在健康的身体机能之上，你只需要坚持正常规律的饮食和作息、适量的运动，就可以为自己的身体带来能量。处理好和自己的关系，可以通过正念冥想、阅读、写日记来进行，在进行这些精神培养和内在对话的同时，也在掌控自己的心理状态。人际关系对于个体的支持也是非常重要的，人是群体性动物，拥有正常的人际关系可以为个体提供存在的支点和价值感，因此，当你感觉情绪低沉失去动力之时，不妨约下朋友聚餐或散步聊天，哪怕是友善的陌生人，都可以为你的生活带来与众不同的感觉。

第七篇　高校生活中的心理困扰

一、人生的意义是什么

对于人生意义的追求每个人不尽相同，但是受到身体本能和社会文化因素的制约，使得不同个体的人生意义又具有一定程度的相似性。比如现实社会里的大部分人都会正常成长、上学读书、工作、恋爱，到了合适的年龄结婚生子，照顾家庭直至衰老去世。这些过程似乎到了一定的年龄阶段就需要执行，这既是身体本能使然，又受到社会文化的期望的压力影响。反之，如果你不去按照这个节奏走在人生道路上，就会面临着父母的批评、朋友的劝诫、社会的压力。

我们大部分人都会主动或被迫选择这种看似约定俗成的人生道路，但是不少人内心不甘，认为这样的人生道路是单调的、无聊的，没有任何意义。这样的人人都会走的道路是否就一定是没有生机、没有意义的呢？仔细地思考一下，你就会发现其实不然。就像同样是树木，都会经历生根发芽、沐浴风雨、茁壮成长、凋谢枯萎的必然过程，你会觉得树木是没有生命力的吗？事实是我们每次去森林都会发现生机盎然，它们的美丽让人流连忘

返。我们大部分人都会走在同样的人生道路上，但是每个人走的方式不同，比如读书喜好不同、能力发展不同、选择工作不同、恋爱对象不同、养育孩子的方式不同、生老病死观念不同，这些不同之处就塑造了每个人独特的存在意义和生命意义。正如我们每个人都要穿衣服，但是每个人选择的衣服的款式、颜色都不同，而不同的选择与搭配却彰显出个性与美丽。

我个人认为，人生的意义在于体验和创造。体验在于经历我自己选择、本能使然和社会压力结合而成的人生道路，体验人间的冷暖和生老病死，体验生活之中各种新鲜刺激而有意义的活动，体验自然界的大好河山。每时每刻我们的状态在发生变化，而体验也一直在更新。创造是因个体的存在就有的，你的存在本身而言就是这个世界的创造，每个人的长相、个性、思想、行为、情绪不同，与他人交往时、在社会上生活工作时、对待世界的态度都会不同，这种不同带给这个世界的影响又不一样，这种影响即创造。世界创造了你，你也在创造这个世界。甚至只要你想，你就可以让这个世界变得更加美好。比如你可以关爱他人让别人感受到世界的温暖，可以在工作中无私奉献从而促进集体和社会发展，可以在养育子女时耐心培育他们而让他们健康茁壮成长。人生的体验无处不在，人生的创造无处不在，人的存在就是无时无刻不在体验和创造，这即是人本身的意义。

生活的意义往往并不是只有通过伟大的事业才能彰显，并不是悲壮的英雄主义人生才有意义。只要你仔细体悟，生活中的小事小物，时时刻刻都存在独特的意义。心理学家弗兰克尔将自己长期关押在集中营的经历写成了《活出生命的意义》这本书。书中记载关押在集中营的人每天生活在狭隘的空间，重复着繁重的工作，忍受着人身的屈辱，甚至死亡的威胁。但是他发现，在这里依然有生命的意义。不少囚犯不屈从于罪恶的威胁保持着崇高的情操，囚犯之间的互相帮助让人感觉到美好人性没有消亡，在繁重的监狱生活之中瞥见一株傲然直立的花朵让人感觉到生命的坚强和美好。在黑暗之中发现一丝光亮，在冰冷的世界里寻找到一团火焰，这些光亮和火焰便是生命的意义。正是作者在囚笼之中也能找到生命的意义，才度过了惨不忍睹的日日夜夜，才具有经过痛苦洗礼后更加健壮美好的心灵。所以，生命何处没有意义？何时没有意义呢？

二、晚上的 emo 情绪

emo 是情绪化（emotional）的缩写，指的是人感觉到多愁善感，很多不开心的回忆或感受涌上心头，不由自主感觉到难过、想哭。当一个人回忆或沉浸在过往痛苦的回忆之中，或想到将来可能面临的痛苦、可怕场景无法应对时，emo 就会不请自来。那为何 emo 更加偏爱晚上到来呢？

首先，是因为白天和晚上人们注意力朝向不同。白天的学习、社交、娱乐等占据了自己的注意力，让自己没有足够的时间和精力去思考过去难过的事情；但是到了晚上，各种外界刺激逐渐减少，大脑就有空余的时间将注意力调整到关注内心世界；其次，是因为我们的内心世界和大脑偏爱记住痛苦的、不好的事情。从进化的角度而言，人类记住痛苦负面的事情有利于我们以后习得经验教训，更好的趋利避害。因此如果你过去经历了一些

痛苦负面事件，并没有和它们和解或妥善地解决，它们可能就会不请自来。

可见晚上更加容易 emo 是人类的一种本能，甚至是为了让我们更好地生存和发展。emo 难以避免，但是却可以通过一些方法得到缓解。

（1）按时作息，避免熬夜。越到深夜，大脑越会失去意识的控制，很多痛苦的被压抑的回忆不自觉地涌上心头，如果我们可以尽早睡觉而不是熬夜，就可以一定程度上避免无意识里的痛苦回忆肆虐冲击，解决掉无意识痛苦侵扰。

（2）和过去的痛苦和解。emo 之中所泛起的那些痛苦其实是在提醒我们需要面对和解决它们，如果你没有原谅曾经的自己或他人所犯的错误，没有学会解决它们，它们就会如鬼魅般徘徊不去，因此你可以试着和自己的心结达成和解，原谅自己和他人，或者寻求心理咨询师等的帮助来解决这些困扰。当你能与它们达成和解，它们就会变成你的能量而不是干扰。

（3）做你应该去做的事情。emo 的比例往往与一个人的内疚自责相关，如果你在白天的时候积极努力地学习和生活，听从内心的声音去做应该去做的事情，而不是贪图安逸、拖延回避，那你内心这些噪声就会大大减少。

（4）增加生命能量。生命能量来源于照顾好自己的身体、保持与内心的连接、保持与他人的良好关系。因此我们要拥有健康的生活方式，通过阅读或写日记保持与自己内心的对话，加强与他人的联系，从而增加自己的生命能量。

三、抱怨大学不够理想

人遇到问题时，往往会寻找问题出自哪里，这就是归因，归咎原因的方式分为内归因和外归因。内归因即是将原因归结为自己；外归因即是将事情的责任和原因归结为外界。但其实很多事情都是内归因和外归因的结合，并没有一个原因具有决定性作用。现在发生的事情，也许是很久之前，很多事情交互影响导致的结果。因此，当发生了一些内心不期望的事情，单纯地怪罪某个对象，是非常幼稚和不成熟的表现。

如果没有考上理想的大学，那应该归因于谁呢？有人埋怨自己，有人埋怨学校。这种埋怨就是过于寻求单方面归因导致的，它不仅不能解决问题，反而会导致自暴自弃。比如，过于埋怨自己就会导致自责自卑，过于埋怨外界就会丧失自己的行动力，认为是不可改变的。埋怨解决不了问题，埋怨只会将人困在迷宫之中。喜欢埋怨的人，好像认为找出是谁的问题更重要，而不是解决问题更重要。一直在找是谁的问题和归咎责任只会浪费自己的时间和精力。何不想想我既然这样了，可以如何让自己变得更好呢？

其实，每个大学里都有好和不好的因素，如果一叶遮目，只能看见不好的事情，戴着有色眼镜看世界，那什么都将是黑的。我们可以心平气和地想想，所有大学里，是否有美丽的景色，是否有好的老师，是否有优秀的同学，是否有进步成长的空间呢？我想肯定是有的，看见美就能感受到美、成为美。不管你的过去是成功的还是失败的，你现在所处的环境是好的还是不好的，如

果接下来的时间就需要在这里度过,那请你承担起自己的责任,不要埋怨自己和环境,在此时此地"择其善者而从之",积极努力地向自己想成为的人而努力和奋斗,相信通过你的努力,你会发现很多美好都在悄然发生。

四、大学里的迷茫期

我们人都存在一种错觉,即前方就是最好的,我们就像一头追着萝卜跑的驴子,盲目地相信路在前方,未来是美好的。在高中时候,我们相信上了大学,就会有自由的时间和空间做任何自己想做的事情。但是真正上了大学,拥有了自由,不少同学却通宵达旦地玩游戏、追剧,仿佛恶补失去的美好时间。但这种将时间花在娱乐上的行为,并没有为同学们带来多少充实和快乐,反而感觉更加的空虚,于是又期盼毕业后做一份工作更加充实和有意义。也许到了工作的时候,我们开始怀念大学拥有的闲暇时光。

有句话讲"谁的青春不迷茫",一定程度上是现实的写照,当然可能也是一种借口。青少年期处于心理学家埃里克森划分"自我同一性建立 VS 混淆"阶段,即个体在追求形成自己独立统一的价值观和人生观,在这个过程中,迷茫似乎不可缺少,从迷茫到清醒和坚定需要一定时间的追寻。埃里克森将迷茫期定义为自我同一性延后期,这种延后不一定是坏事。但是迷茫期和延后期并不意味着我们可以挥霍时间,我们应该在迷茫的时候努力尝试各种积极的生活体验,追求丰富的人生阅历。

大学是进入社会工作前的过渡阶段,大学生不仅要学好课程内容，更重要的是要学会如何与他人相处，如何更好地独立生活和成长。学校师生对一个学生的评价不仅仅基于学习的认真程度，还在于其为人处世的能力，在于其怎么和舍友、班级同学相处，在于其怎么在社团生活之中锻炼和成长自己。因此，大学生应该厘清自己的站位和学习目的，不仅仅在课堂上认真学习，也需要更好地融入集体，学会与师生进行适宜的人际交往，通过社团生活来锻炼和成长自己，以便以后更好地进入社会。

五、毕业后的规划

未来的规划，是大学生活的指引，但是很多同学对于是否需要升本或者去工作感觉困惑。升本可以拿到本科毕业证书，提升学历，可以去本科高校体验生活，同时也缓解了进入社会的焦虑。因此，很多同学都考虑升本。但是，升本也意味着需要花费更多的时间、精力、金钱，而且不确定是否可以顺利考上本科，以及将来选择的专业和工作是否称心。所以，不需要刻意跟风，看到别人都报名升本了，自己也报名参加。反之，如果经过慎重思考后，觉得升本更适合自己的生涯规划，且能够自律地认真学习，那是可以积极考虑报名的。

至于找工作，大学生毕业后几乎都需要面对。为了更好地找到工作，在大学期间除了学习努力，还可以积极地参与社团生活和学校组织的一些活动，以此锻炼自己的为人处世的能力和开展工作的能力。此外，还可以在闲暇之时进行一些兼职工作，提前体验社会工作，进一步弥补自己社会经验的不足。在考虑工作时，它不一定会与我们的专业对应，更可能与你自己的理想、兴

趣爱好有关，与是否能创造足够的精神价值和现实价值有关，还要看社会岗位是否给你提供了足够的空间与平台。在找工作方面，理想固然重要，但也要考虑自己能做什么工作，而不是仅仅考虑自己想做什么。也就是说工作是双向选择的，把你想从事的工作和你能做到的工作结合起来，寻找到更适合自己的工作。

第八篇　心理健康教育资源推荐

一、心理治疗推荐

我们在大学生活中面对新的环境和挑战时，有时可能会遇到心理压力和困扰。在这种情况下，寻求心理治疗资源是一种积极的方式，有助于处理自身的不良情绪问题、减轻压力，并提升自身心理健康水平。以下是一些常见的大学心理治疗资源推荐：

（1）校园心理健康服务：学校提供了校园心理健康及相关服务，其中心理咨询服务是主要的方式。心理咨询并不是仅仅针对有相关心理问题的学生，当我们在学习或生活中遇到问题后，同样也可以选择校内心理健康中心预约咨询，这些服务都是免费为学生们提供的。

（2）校外专业的心理治疗医院：专业的心理治疗医院通常会提供全面的心理健康服务，包括专业的医生和心理健康专业人员，可以提供诊断、心理治疗、咨询服务，以及药物治疗等。厦门市仙岳医院是比较权威的精神科医院；厦门市同安区嘉德医院也可以就近为同学们提供心理诊治服务。

（3）在线心理治疗平台：一些在线平台提供专业的心理治疗

服务，学生可以通过网络平台与心理医生进行在线咨询。这样的平台通常提供更加灵活的预约时间，适合大多数遇到问题的学生。但是这种网络上的在线心理咨询和治疗平台不一定非常正规，对方的资质和经验也需要考量，在选择网络平台服务时需要谨慎。

（4）热线服务：一些心理健康热线为学生提供24小时的心理健康支持，包括电话咨询和在线聊天。这些服务一般是学生出现心理危机时为他们提供心理支持，如果要进行长久的咨询和治疗，还需要寻找专业的咨询和治疗机构。

厦门市24小时学生心理援助热线：0592-5258185；

全国青少年心理咨询热线：12355；

中国心理危机与自杀干预救助中心救助热线：010-62715275。

（5）心理健康活动和讲座：大学通常会举办各种心理健康活动和讲座，涵盖焦虑、压力管理、自我调适等主题。参加这些活动有助于学生更好地了解心理健康知识，学习应对压力的方法。

（6）同学支持群体：参加一些心理健康社团活动，会寻找到一群有共鸣的朋友，互相提供支持。有助于减轻孤独感，获得陪伴和支持。

在选择心理治疗资源时，学生可以根据自身需求和偏好选择最适合自己的方式。无论选择何种资源，寻求专业的心理支持对于促进心理健康和适应大学生活都是非常重要的。

二、心理电影推荐

（1）《美丽心灵》（*A Beautiful Mind*，2001）：该片根据数学家约翰·纳什的真实故事改编，呈现了他的天才智慧以及与精神疾病顽强斗争的故事。导演朗·霍华德通过本片深刻探讨了家庭、友谊、爱情、以及个体与社会的关系，让观众在情感和智力上都得到了极大的启发。

（2）《肖申克的救赎》（*The Shawshank Redemption*, 1994）：该片根据斯蒂芬·金的小说改编而成，讲述了银行家安迪在肖申克监狱中经历的人生磨难和最终的救赎之路。导演弗兰克·德拉邦特通过这部影片揭示了希望、坚持、友谊和人性善良的力量。

（3）《心灵捕手》（*Good Will Hunting*, 1997）：这部影片讲述了一个天才数学家在治疗师的帮助下，逐渐疗愈内心创伤的故事。影片深刻探讨了自我认知、过去的困扰以及对未来的探索。

（4）《少年派的奇幻漂流》（*Life of Pi*, 2012）：描绘了一个少年在海上生存的冒险故事，通过奇幻的元素探讨了信仰、意义和人生选择。对于面临未知和探索的大学新生，这部影片提供了深刻的思考。

（5）《飞越疯人院》（*One Flew Over the Cuckoo's Nest*, 1975）：基于肯·凯西的小说改编，该片讲述了一位自作聪明的罪犯故意装疯，然后被送进了精神病院的故事。导演米洛斯·福尔曼通过这部电影批判了传统的心理治疗方式，同时也展示了反叛和个体权利的主题。

（6）《闻香识女人》（*Scent of a Woman*, 1992）：这部电影讲述了一个预备军校学生和一个眼盲退役军官之间不寻常的友谊。通过这段旅程，电影展现了人生的价值、勇气和尊严的重要性，以及面对困难时的积极态度。

（7）《入殓师》（*Departures*, 2008）：这部日本影片讲述了一

位失业的大提琴手转行成为一名"入殓师",专门从事传统的日本葬礼仪式。影片深刻探讨了生与死的意义、家庭和解以及个人寻找自我的旅程。

(8)《国王的演讲》(The King's Speech, 2010):讲述了英国国王乔治六世克服口吃困难的真实故事。影片展示了勇气、友谊和领导力的重要性,以及面对个人挑战时的坚持和努力。

三、心理书籍推荐

(1)《自控力》(Kelly McGonigal):本书由斯坦福大学心理学家凯莉·麦格尼格尔撰写,深入探讨了自控力的心理学原理及其在日常生活中的应用。书中结合了最新的科学研究成果,提供了提高自控力的实用策略,帮助读者克服拖延、改善自我管理能力。

(2)《人性的弱点》(Dale Carnegie):虽然这本书首次出版于1936年,但它讲述的原则和技巧在今天仍然适用。书中通过实例教人如何赢得他人的喜爱、影响他人以及改变他人的态度和行为,非常适合希望提升人际交往能力的大学生。

(3)《思考,快与慢》(Daniel Kahneman):诺贝尔经济学奖得主丹尼尔·卡尼曼的这部作品深入探讨了人类思维过程的两个系统:快速直觉的思维和缓慢理性的思维。通过阅读这本书,学生可以更好地理解人类的决策过程,以及如何避免思维陷阱。

(4)《幸福的追求》(Martin Seligman):马丁·塞利格曼是正面心理学的创始人,这本书详细介绍了如何通过培养积极情绪、投入、人际关系、意义和成就(被作者称为"幸福的五大支柱"）来提升个人的幸福感。

（5）《沟通的艺术》（Thich Nhat Hanh）：越南一行禅师在书中分享了如何通过深度倾听和富有同情心的言语来改善人际关系的方法。这本书对于希望提高沟通技巧、构建更和谐人际关系的大学生非常有帮助。

（6）《习惯的力量》（Charles Duhigg）：本书深入探讨了习惯是如何形成的，以及我们如何能够改变不良习惯，培养有益习惯，对于正在形成独立生活模式的大学新生来说，这本书提供了宝贵的指导意见。

（7）《失控》（Daniel J. Siegel）：这本书探讨了大脑如何影响我们尤其是青少年的行为和情绪。它提供了管理情绪、提升自我意识的实用技巧。

（8）《独处的艺术》（Sara Maitland）：这本书探讨了独处的价值，教人如何享受和利用独处的时光来进行自我反思和成长，对于那些在大学期间希望找到自我和提高自我认识的学生来说，这本书提供了宝贵的视角。